I
T

¡PUEDO REZAR LA MISA!

Mary Terese Donze, A.S.C.

LIGUORI
PUBLICATIONS
One Liguori Drive
Liguori, MO 63057-9999
(314) 464-2500

Imprimi Potest:
James Shea, C.SS.R.
Provincial, St. Louis Province
The Redemptorists

Imprimatur:
Monsignor Maurice F. Byrne
Vice Chancellor, Archdiocese of St. Louis

ISBN 0-89243-513-5
Library of Congress Catalog Card Number: 93:77877

Cover and interior design by Myra Buechting
Art by Chris Sharp

~~~~~~~~~~~~~~~~~~~~~~

Imprimi Potest:
James Shea, C.SS.R.
Provincial de la Provincia de St. Louis
Los Redentoristas

Imprimatur:
Monseñor Maurice F. Byrne
Vice-Canciller, Arquidiócesis de St. Louis

ISBN 0-89243-513-5
Biblioteca del Congreso Número de Catálogo 93:77877

Diseño de la portada y del interior por Myra Buechting
Arte por Chris Sharp
~~~~~~~~~~~~~~~~~~~~~~

To Father Eugene Parnisari —
in loving gratitude.

Al Padre Eugene Parnisari —
en agradecimiento.

Contents

Índice

Some Things We See at Mass

The CRUCIFIX is to remind us that in the Mass, Jesus offers himself for us to his heavenly Father, just as he offered himself on the cross.

The BOOK is the holy Bible. During the Mass we read the Word of God from the Bible. It is like food for our minds and hearts.

The CHALICE and PLATE hold the wine and the bread that will be changed into Jesus himself during the Mass.

The CANDLES with their bright flames reaching upward help us remember to lift our hearts in love to Jesus during the Mass.

The CHILDREN stand for the whole people of God — those who are present and those who cannot be present at the Mass.

Algunas cosas que vemos en la Misa

El CRUCIFIJO es para recordarnos que Jesús se ofrece por nosotros a su Padre celestial en la Misa así como se ofreció en la cruz.

El LIBRO es la Sagrada Biblia. Durante la Misa leemos la Palabra de Dios en la Biblia. Es como si fuera alimento para nuestros espíritus y corazones.

El CÁLIZ y la PATENA contienen el vino y el pan que se convertirán en Jesús durante la Misa.

Las VELAS con sus llamas brillantes que van hacia el arriba nos recuerdan que levantemos en amor nuestros corazones a Jesús durante la Misa.

Los NIÑOS representan a todos los hijos de Dios — los que están presentes y los que no pueden estar en la Misa.

Introduction

This is a prayer book. In it are prayers that you can pray during the Mass. This is also a learning book. It tells you what the Mass is about.

The best way to use this booklet is to have your mother or your daddy or your teacher read it with you and talk with you about what it says. Then, after you understand what the booklet is about and can read it by yourself, you can take it to church with you when you go to Mass. The prayers that all the people say together are printed in **bold letters like these**. Only part of the really long prayers are printed. But if you follow along, you will be able to tell that it is really the same prayer. Later on, you can learn the whole thing. The prayers that the priest says are printed *like this.* Between the prayer times, you can read the other parts so you keep remembering how the Mass is really God's greatest gift to us.

You can use this prayer booklet at home, too, like when you are sick and can't go to church. Because even if you aren't in the church, the Mass still goes on. Every minute of the day, priests are celebrating the Mass somewhere. So if you cannot go to church, you can open your prayer booklet and read about the Mass and think that you are praying with the people who are at these Masses. Next to really going to Mass, this is the best way to come to know and love Jesus and to know how to pray the Mass.

Sister Mary Terese Donze

Introducción

Este es un librito con oraciones que puedes rezar durante la Misa. Este librito también es para aprender: te enseña lo que la Misa quiere decir.

La mejor manera de usar este librito es que tu mamá o papá o uno de tus maestros lo lea contigo y te explique lo que dice. Después que entiendas lo que el librito dice y puedas leerlo sin ayuda, puedes llevarlo a la iglesia cuando vayas a Misa. Las oraciones que todos dicen están en **letras negritas como estas**. Encontrarás parte de las oraciones largas solamente. Pero si las oyes en la Misa siguiendo el librito, te darás cuenta que son las mismas. Después puedes aprender las oraciones completas. Las oraciones que el sacerdote reza *aparecen así*. Entre cada oración puedes leer las otras partes para que recuerdes por qué la Misa es de verdad el mejor regalo que Dios nos ha dado.

También puedes usar este librito de oraciones en tu casa cuando, por ejemplo, estás enfermo o enferma y no puedes ir a la iglesia. Porque, aunque no estés en la iglesia, la Misa continúa. Cada minuto del día, sacerdotes celebran la Misa en alguna parte del mundo. Entonces, si no puedes ir a la iglesia, puedes abrir tu librito de oraciones y leer acerca de la Misa y pensar que estás rezando con las personas que están en estas Misas. Si no puedes ir a Misa, ésta es la mejor forma de conocer y amar a Jesús y saber como rezar la Misa.

Sister Mary Teresa Donze

Jesus Gives Us the Mass

Jesus Died on the Cross for Us

A long time ago, Jesus died on the cross to save us from our sins and to win our hearts back to loving him. None of us was there when Jesus died. But even if we were not there, the Holy Spirit brings the saving power of Jesus' death to all of us in the Mass.

Jesus Celebrated the First Mass

The night before Jesus died, he sat down to eat with his twelve apostles. They were his best friends. It was Jesus' Last Supper with them. During supper, Jesus talked to his friends for a long time. After he was finished talking, Jesus prayed. He praised and thanked his heavenly Father. Then Jesus took bread in his hands and said, "This is my body which will be given up for you." When he said these words, he changed the bread into his holy body. It was the same body that died on the cross the next day.

Then Jesus took a cup of wine. Once more he thanked his heavenly Father and said, "This is the cup of my blood....It will be shed for you." Jesus changed the wine into his blood. It was the same blood that poured out of his body on the cross. This was the first Mass.

Jesus also told his friends to eat the bread and drink the wine that was now his body and blood. It was their first holy Communion.

After Jesus had changed the bread and wine into his body and blood, he told his apostles that they should do what he had done.

Everybody knows, of course, that when we talk about the body and blood of Jesus, we mean the real Jesus, like people are real, not just body, not just blood. It is because of the bread and wine that we say body and blood. The bread and wine are *signs.* But they are a special kind of sign. We call this special kind of sign a *sacrament.* A sacrament is not like other signs. A flag is a sign of our country. But it never *becomes* our country. It keeps on being just a sign. In the Mass, the bread and wine are signs of Jesus, but these signs also become Jesus.

We Keep Celebrating the Mass

When Jesus said "Do this in remembrance of me," he gave to the apostles and to all his priests the power to do what he had done at the Last Supper. Jesus died on the cross only once, but he gives himself to us forever through the Mass.

Just as Jesus gave himself to his friends in holy Communion, he gives himself to us, too. And because all of us receive the same Jesus into our hearts, it should help make us more loving toward one another.

We Are Close to God in the Mass

God, who is the Father, the Son, and the Holy Spirit, is present in the Mass. To be *present* means "to be right there." God is present in the priest, in those who help around the altar, and in all the people who are gathered for the Mass. God is present in his holy Word that is read to us. And God becomes present in a special way when, by the power of the Holy Spirit, the bread and wine are changed into the body and blood of Jesus. We are never more close to the heavenly Father and to Jesus and to the Holy Spirit than when we are at Mass.

Why I Come to Mass

I come to Mass because

— I want to honor God, who is the Father, the Son, and the Holy Spirit.

— I want to thank the heavenly Father for all his gifts.
Mostly I want to thank him for giving us Jesus.

— I want to ask Jesus, who died on the cross for us, to forgive all my sins.

— I want to ask the Holy Spirit to help me love God more and to help me love everybody else, too.

Jesús nos da la Misa
Jesús murió en la cruz por nosotros

Hace mucho tiempo, Jesús murió en la cruz para salvarnos de nuestros pecados y alcanzar nuestros corazones para que lo amemos. Ninguno de nosotros estuvo allí cuando Jesús murió. Pero aún así, en la Misa, el Espíritu Santo nos dá a todos, por medio de la muerte de Jesús, el poder de la salvación.

Jesús celebró la primera Misa

La noche antes que Jesús muriera, él se sentó con sus doce apóstoles a cenar. Ellos eran sus mejores amigos. Esta fuc la Última Cena que Jesús tuvo con ellos. Durante la cena, Jesús les habló por mucho tiempo. Después que terminó, Jesús rezó. El alabó y le dio gracias a su Padre celestial. Entonces Jesús tomó un pan en sus manos y dijo: "Esto es mi cuerpo, el que será entregado por ustedes". Cuando dijo estas palabras, él cambió el pan en su santo cuerpo. Era el mismo cuerpo que murió en la cruz el día siguiente.

Entonces Jesús tomó una copa de vino. Una vez más dio gracias a su Padre celestial y dijo: "Este es el cáliz de mi sangre...será derramada por ustedes". Jesús convirtió el vino en su sangre. Era la misma sangre que su cuerpo derramó en la cruz. Esta fue la primera Misa.

Jesús también les dijo a sus amigos que comieran el pan y bebieran el vino que ahora era su cuerpo y su sangre. Esta fue la primera comunión.

Después que Jesús transformó el pan y el vino en su cuerpo y su sangre, les dijo a sus apóstoles que debían de continuar lo que él había hecho.

Todo el mundo sabe que cuando hablamos del cuerpo y la sangre de Jesús queremos decir el verdadero Jesús, igual que las personas son reales, no sólo cuerpo y no sólo sangre. Es por el pan y el vino que decimos cuerpo y sangre. El pan y el vino son *símbolos*. Pero son símbolos muy especiales. Le llamamos a este símbolo muy especial un *sacramento*. Un sacramento no es como cualquier otro símbolo. Una bandera es un símbolo de nuestro país. Pero nunca se *convierte* en nuestro país. Sigue siendo nada más un símbolo. En la Misa, el pan y el vino son símbolos de Jesús, pero estos símbolos también se convierten en Jesús.

Continuamos celebrando la Misa

Cuando Jesús dijo: "Hagan esto en memoria mía", él les dio a los apóstoles y a todos sus sacerdotes el poder de hacer lo que él había hecho en la Ultima Cena. Jesús murió en la cruz sólo una vez, pero él se nos entrega para siempre por medio de la Misa.

De la misma manera que Jesús se entregó a sus amigos en la santa comunión, él también se nos entrega.

Y como todos recibimos al mismo Jesús en nuestros corazones, esto deberá de ayudarnos a tener más amor por los demás.

Estamos cerca de Dios en la Misa

Dios, quien es el Padre, el Hijo y el Espíritu Santo, está presente durante la Misa. Estar *presente* significa "estar allí mismo". Dios está presente en el sacerdote, en las personas que ayudan en el altar y en toda la gente en la Misa. Dios está presente en su santa Palabra que se nos lee en la Misa. Y Dios está presente de una manera muy especial cuando, por el poder del Espíritu Santo, el pan y el vino se convierten en el cuerpo y la sangre de Jesús. Nunca estamos más cerca del Padre celestial, de Jesús y del Espíritu Santo, que cuando estamos en la Misa.

¿Por qué vengo a Misa?

Vengo a Misa porque

— Quiero honrar a Dios, quien es el Padre, el Hijo y el Espíritu Santo.

— Quiero dar gracias al Padre celestial por todos sus regalos. Pero más que todo quiero dar gracias a Dios por darnos a Jesús.

— Quiero pedirle a Jesús, quien murió en la cruz por nosotros, que me perdone todos mis pecados.

— Quiero pedirle al Espíritu Santo que me ayude a amar más a Dios y también que me ayude a amar más a todos los demás.

I Can Pray the Mass

Entrance Antiphon or Hymn

Jesus, we are ready to begin the Mass. The priest is coming to the altar. When we see him, we stand and sing. Singing makes our hearts happy and more ready to celebrate the Mass.

The priest walks up the aisle in his church clothes. He goes to the altar. He bends and kisses the altar. He does this because the altar stands for you, Jesus. It is like the priest wants to greet you specially.

Then the priest makes the Sign of the Cross.

In the name
of the Father,
and of the Son,
and of the Holy Spirit.

We make the Sign of the Cross with the priest and answer,

Amen.

Puedo rezar la Misa

Entrada o himno

Jesús, ya estamos listos para empezar la Misa. El sacerdote viene al altar. Cuando lo vemos, nos paramos y cantamos. Cuando cantamos nuestros corazones se alegran y están más dispuestos a celebrar la Misa.

El sacerdote, con sus vestimentas puestas, camina por el pasillo central. El va al altar, se inclina y besa el altar. El lo hace porque el altar te representa a ti, Jesús. Es como si el sacerdote quisiera darte una bienvenida especial. Entonces el sacerdote hace la señal de la cruz.

En el nombre del Padre,
y del Hijo
y del Espíritu Santo.

Hacemos la señal de la cruz con el sacerdote y respondemos

Amén.

Penitential Rite

Jesus, the Mass is really a love feast. A feast is like a celebration. And people who come to love feasts, or to love celebrations, come with their hearts full of love. So we stop a little now to think about how we love in our hearts. And if we remember that sometimes we haven't loved you, Jesus, you can see in our hearts and know we are sorry. But if we have been selfish toward others and don't show them love, they can't see into our hearts the way you can see into our hearts, so they won't know that we wish we had been nicer to them. Now we pray out loud to tell everybody we are sorry for not being kind and loving. We pray:

I confess to...you, my
brothers and sisters,
that I have sinned...
and I ask...you...
to pray for me.

or sometimes we say:

Lord, have mercy.
Christ, have mercy.
Lord, have mercy.

Acto penitencial

Jesús, la Misa es realmente una fiesta de amor. Una fiesta es como una celebración. Y la gente que viene a una fiesta de amor viene con sus corazones llenos de amor. Así que ahora tomamos un poco de tiempo para pensar cómo amamos en nuestros corazones. Y si recordamos, Jesús, que algunas veces no te hemos amado, puedes ver dentro de nuestros corazones nuestro arrepentimiento. Pero si hemos sido egoístas con otros y no les hemos demostrado amor, ellos no pueden ver dentro de nuestros corazones como tú, así que no van a saber que hubiéramos querido tratarlos mejor. Ahora rezamos en voz alta para decirles a todos que nos arrepentimos por no haber sido más bondadosos y no haber demostrado más amor. Rezamos:

Yo confieso...hermanos
y hermanas,
que he pecado...ruego
...que intercedan por mí.

o algunas veces decimos:

Señor, ten piedad.
Cristo, ten piedad.
Señor, ten piedad.

Gloria

Jesus, you are God. All of us are glad you are God. We praise you, and we say how wonderful you are. We say:

Glory to God in the highest...

We keep saying all the nice things we can think about you, our loving God.

We worship you,
we give you thanks,
we praise you....
for you alone are the Holy One,
You alone are the Lord,
you alone are the Most High.

God, you are so very special that we can't find enough words to tell about you. All the angels in heaven would not be able to say how great you are. Even they would run out of good words to praise you.

Jesus...
the Holy Spirit,
...God the Father. Amen.

El Gloria

Jesús, tú eres Dios. Todos estamos muy alegres, porque eres Dios. Te alabamos y decimos que eres bondadoso. Decimos:

Gloria a Dios en las alturas...

Continuamos diciendo todas las cosas buenas que recordamos de ti, nuestro Dios bondadoso.

Te alabamos,
te agradecemos,
te adoramos,
te glorificamos...
porque sólo tú eres Santo,
sólo tú Señor,
sólo tú Altísimo.

Dios, eres tan especial que no podemos encontrar palabras suficientes para hablar de ti. Ni los ángeles celestiales sabrían decir qué tan grande eres. Hasta a ellos se les acabarían las palabras para alabarte.

Jesucristo...
el Espíritu Santo,
...Dios Padre. Amén.

Opening Prayer

Jesus, after the priest and all of us have been sorry for the times when we were not kind and loving, the priest prays a prayer from his big book on the altar. When he finishes, we all say:

Amen!

Jesus, I think to say "Amen" is not much to pray, but it is important that we say it because our saying "Amen" is like our making the priest's prayer our prayer, too. The prayer helps us get our hearts ready to listen to God's holy words.

Oración inicial

Jesús, después que el sacerdote y todos nos arrepentimos por las veces que no fuimos bondadosos y no demostramos amor, el sacerdote recita una oración que está en el libro grande en el altar. Cuando él termina, todos decimos:

¡Amén!

Jesús, creo que decir "Amén" no es una oración, pero es importante decirlo, ya que cuando decimos "Amén" también hacemos nuestra la oración del sacerdote. La oración nos ayuda a preparar nuestros corazones para escuchar las santas palabras de Dios.

Readings

Because all of us have a part to do in the Mass, somebody in the church gets up now and goes to read the Word of God to us. Sometimes two people read. The rest of us sit and listen. That is our part.

Jesus, help us all to listen carefully, because God is teaching us through his holy Word. We will not want to miss any of it.

Lecturas

Como todos nosotros participamos en la Misa, alguien en la iglesia se levanta ahora y nos lee la Palabra de Dios. Algunas veces leen dos personas. Los demás nos quedamos sentados y escuchamos. Eso es lo que debemos hacer.

Jesús, ayúdanos a escuchar cuidadosamente, ya que Dios nos está enseñando por medio de su Palabra. No quisiéramos perder ni una sola cosa.

Alleluia

After the first readings are over, it is the priest's turn to read. While he walks over to the book, we stand and sing:

Alleluia.

Alleluia means "Praise to God." It is a good word. It makes us feel like we want to lift up our arms and shout or dance and sing because we are happy. And we *are* happy because the priest is going to read the gospel to us, that means the Good News about you, Jesus.

Aleluya

Después de la primera lectura, le toca leer al sacerdote. Mientras él camina hacia el libro, nos paramos y cantamos:

Aleluya

Aleluya significa "Gloria a Dios". Es una palabra buena que nos hace sentir como que quisiéramos levantar los brazos y gritar, o bailar y cantar, ya que estamos muy contentos.
Y *estamos* contentos, ya que el sacerdote va a leernos el Evangelio, lo que significa tu Buena Nueva, Jesús.

Homily

God wants us not only to hear his holy words but to do what they tell us to do. So after the priest reads the gospel, we sit and listen while he tells us what God's words mean for us. We cannot remember everything the priest says. But if we remember just one thing each time the priest talks to us, it will help us do what God wants us to do.

Homilía

Dios no solamente quiere que escuchemos sus santas palabras, sino también que hagamos lo que ellas dicen que hagamos. Después que el sacerdote lee el Evangelio, nos sentamos y escuchamos al sacerdote decir lo que las palabras de Dios significan para nosotros. No podemos recordar todo lo que el sacerdote dice. Pero si podemos recordar por lo menos una cosa cada vez que él nos habla, nos ayudará a lograr lo que Dios quiere que hagamos.

Profession of Faith

Jesus, all of us are God's people. All of us believe in God and what he tells us. We stand now and say out loud all the things that God's people believe:

We believe in one God...
in one Lord, Jesus Christ....
We believe in the Holy Spirit....

And we believe in the holy catholic Church and all that the holy catholic Church teaches.

Profesión de fe/credo

Jesús, todos somos hijos de Dios. Todos creemos en Dios y en lo que él nos dice. Ahora nos paramos y decimos en voz alta todas las cosas que los hijos de Dios creen:

Creemos en un solo Dios...
en un solo Señor,
Jesucristo....
Creemos en el Espíritu
Santo....

Y creemos en la santa Iglesia católica y en todo lo que la Iglesia católica enseña.

Prayer of the Faithful

Jesus, you told us to ask for whatever we need to help us love and serve God, so now all of us pray that God will bless everybody. Sometimes we pray for special people, like "for the children all over the world who don't have enough to eat" or "for the boy down the street who was in a car accident." When we pray these prayers, we ask God to listen. We say:

Lord, hear our prayer.

Jesus, it is good for us to pray like that because we are all God's people, and God wants us to care for one another.

Oración de los fieles

Jesús, nos dijiste que pidamos cualquier cosa que nos ayude a amar y servir a Dios, así que ahora rezamos para que Dios nos bendiga a todos. Algunas veces rezamos por ciertas personas. Por ejemplo: "por los niños de todo el mundo que no tienen suficiente comida" o "por el niñito que vive en mi cuadra que tuvo un accidente". Cuando rezamos estas oraciones, le pedimos a Dios que nos oiga. Nosotros decimos:

Señor, escucha nuestra oración.

Jesús, es bueno que oremos así, ya que todos somos hijos de Dios y Dios quiere que nos cuidemos.

Offering of the Gifts

We bring our gifts of bread and wine. Because they came from grain and grapes that grew out of God's earth and were made into bread and wine by somebody's hands and because we are part of the whole earth, too, we bring them to the altar to stand for us.

Jesus, along with the priest, we offer these gifts to the heavenly Father. We are happy that the heavenly Father accepts our gifts because that means that he accepts us. Most of all, we are happy because during the Mass the Holy Spirit is going to change our gifts into you, Jesus.

After the Offering of the Gifts

It is truly a gift and a blessing that the bread and wine will be changed into you, Jesus. We lift our hearts to praise God for doing something so wonderful for us. We say:

Holy, holy, holy...

just like the angels say "Holy, holy, holy" to God in heaven.

Ofrenda

Traemos nuestros regalos de pan y vino. Los traemos al altar como símbolo de nosotros, pues vienen del trigo y uva que crecieron de la tierra de Dios y fueron hechos en pan y vino. Y como nosotros somos también parte de esa tierra de Dios, los traemos al altar para que nos representen.

Jesús, con el sacerdote le ofrecemos estos regalos al Padre celestial. Nos alegra que el Padre celestial acepte nuestros regalos, ya que quiere decir que él nos acepta. Y sobre todo estamos contentos, ya que durante la Misa el Espíritu Santo va a convertir nuestros regalos en ti, Jesús.

Después de la ofrenda

Verdaderamente es un regalo y una bendición que el pan y el vino se convertirán en ti, Jesús. Alabamos a Dios con nuestros corazones por haber hecho algo tan maravilloso por nosotros. Nosotros decimos:

Santo, santo, santo...

de la misma forma que los ángeles le dicen "Santo, santo, santo" a Dios en el Cielo.

Eucharistic Prayer

Jesus, now is the most special time in the Mass. The priest takes the bread and the cup with the wine. He looks at the bread and the wine. Then he says the words you said at the Last Supper:

This is my body which will be given up
for you.
This is the cup of my blood....It will be
shed for you.

And there on the altar, Jesus, like you did on the cross, you offer yourself to the heavenly Father to save us from our sins and to win our hearts to loving you. I bow my head. I pray in my heart:

"I love you, Jesus."

Your dying on the cross was for real, Jesus, but you have risen and are alive and are truly with us here in the Mass. And someday you will come and take us to heaven. We believe this, and we pray:

Christ has died,
Christ is risen,
Christ will
come again.

Oración eucarística

Jesús, esta es la parte más especial de la Misa. El sacerdote toma el pan y el cáliz con vino. El mira el pan y el vino. Y entonces dice las palabras que tú dijiste en la Última Cena:

Esto es mi cuerpo, que será
entregado por ustedes.
Esto es el cáliz de mi sangre...
que será derramada por ustedes.

Y allí en el altar, Jesús, tú te ofreces al Padre celestial tal como lo hiciste en la cruz para salvarnos de nuestros pecados y alcanzar nuestros corazones para que te amemos. Agacho la cabeza. Rezo en mi corazón:

"Jesús, yo te amo".

Jesús, tu muerte en la cruz fue algo real, pero resucitaste y vives y de verdad estás con nosotros aquí en la Misa. Y un día vendrás y nos llevarás al Cielo. Creemos esto y rezamos:

Anunciamos tu muerte,
proclamamos tu resurrección.
¡Ven, Señor Jesús!

After Jesus Is Really on the Altar

Jesus, the priest now prays that all God's people will remember what you have done for them and will join together to praise and thank God. Some of the people of God are already with God in heaven — like the holy Virgin Mary and the saints. Some others are still waiting to be taken into heaven. The priest asks them all to join in our celebration so that you, Jesus, can offer them and us to your heavenly Father. It is like we all stand together before the heavenly Father, praising him with you, Jesus, as our Leader. And the heavenly Father looks at us and loves us.

But it is because of you, Jesus, that the heavenly Father is pleased with us. That is why the priest holds up the holy bread and the blessed wine, which are now your body and blood, and tells us that it is

Through him
(that means through you, Jesus),
with him,
in him....

that the heavenly Father and the Holy Spirit are given

all glory and honor.

We are glad this is true, and we say:

Amen!

We say it with all our hearts because this is why we came to the Mass: to join with you, Jesus, in honoring and thanking the heavenly Father and the Holy Spirit.

Después que Jesús está de verdad en el altar

Jesús, ahora el sacerdote reza para que todos los hijos de Dios recuerden lo que tú has hecho por ellos y para que unidos alaben y agradezcan a Dios. Algunos de los hijos de Dios ya están con él en el Cielo — como la Virgen María y los santos. Otros todavía esperan ir al Cielo. El sacerdote les pide que se unan a nuestra celebración para que tú, Jesús, los ofrezcas a ellos y a nosotros a tu Padre celestial. Es como si todos estuviéramos juntos delante del Padre, alabándolo contigo, Jesús, como nuestro Líder. Y el Padre celestial nos ve y nos ama.

Pero es por ti, Jesús, que el Padre celestial está contento con nosotros. Por esa razón el sacerdote levanta el pan santo y el vino bendito, que ahora son tu cuerpo y tu sangre, y nos dice que es

Por Cristo,
con él
y en él...

que al Padre celestial y al Espíritu Santo se le dan

todo honor y toda gloria por los siglos de los siglos.

Nos alegramos que esto es verdad y decimos:

¡Amén!

Lo decimos con todo nuestro corazón, ya que es la razón por la que venimos a Misa: a unirnos contigo, Jesús, para honrar y darle gracias al Padre celestial y al Espíritu Santo.

Preparation for Holy Communion

Jesus, besides the Mass being for remembering how you died on the cross, the Mass is a holy meal, too. Before we share this heavenly food, we pray our meal prayer together. It is the prayer you taught us to pray:

Our Father, who art in heaven,
hallowed be thy name;
thy kingdom come;
thy will be done
on earth as it is in heaven.
Give us this day our daily bread;
and forgive us our trespasses
as we forgive those who trespass against us;
and lead us not into temptation,
but deliver us from evil.

Preparación para la comunión

Jesús, además de que la Misa es para recordar cómo moriste en la cruz, la Misa también es una comida santa. Antes de compartir esta comida del Cielo rezamos juntos nuestra oración. Es la oración que nos enseñaste a rezar:

Padre nuestro, que estás en el Cielo,
santificado sea tu Nombre;
venga tu Reino,
hágase tu voluntad
en la tierra como en el Cielo.
Danos hoy nuestro pan de cada día;
perdónanos nuestras ofensas
como también nosotros perdonamos a
los que nos ofenden;
no nos dejes caer
en tentación,
y líbranos
del mal.

Sign of Peace

A meal should be a happy time. Nobody should be fussy or out of sorts with anybody else. That is why, after our meal prayer, we turn to the people around us and say:

The peace of Christ be with you.

Jesus, that is a very nice kind of peace to wish one another, because if your peace is in our hearts, we will be happy no matter what. Some people shake hands at this time, or they give each other a hug. What it means mostly is that we forgive one another if maybe we have been a little mad about something. Forgiving people lets God's peace come into our hearts.

Saludo de paz

Una comida debe ser algo alegre. Nadie se debe quejar o estar enojado con otra persona. Por eso es que, después de la oración que acabamos de rezar, nos volvemos hacia las personas que están cerca y les decimos:

La paz del Señor esté contigo.

Jesús, la paz que le deseamos a los demás es buena, porque estaremos contentos si tenemos tu paz en nuestros corazones. Algunas personas se dan la mano o un abrazo. Más que nada significa que perdonamos a los demás si hemos estado un poco enojados con ellos por algo. El perdonar permite que la paz de Dios venga a nuestros corazones.

Prayers Before Communion

Jesus, it is good how the heavenly Father took our gifts of bread and wine that stand for us and is now giving us back these same gifts. But when he gives them back, they are no longer bread and wine. They have been changed into you, Jesus. It is like God's changing us into you. And that is what God is trying to do: to make us more like you, Jesus.

I am coming to receive you now, Jesus. I hope you will make me more like you all the time.

Oraciones antes de la comunión

Jesús, qué bueno que el Padre celestial tomó nuestros regalos de pan y vino que nos representan y ahora nos devuelve esos mismos regalos. Pero cuando él nos los devuelve, ya no son pan y vino. Han sido convertidos en ti, Jesús. Es como si Dios nos convirtiera a nosotros en ti, Jesús. Y eso es lo que Dios trata de lograr: hacer que seamos más como tú, Jesús.

Ahora vengo a recibirte, Jesús. Espero que hagas que me parezca más a ti.

Prayers After Communion

Jesus, thank you for coming to me in holy Communion. I love you. (Close your eyes and talk to Jesus in your heart for a little while and then, if there is some music and everybody is going to sing, sing along. When we sing together, it is another way of telling Jesus that we are happy about his coming to all of us and we want to make it like a real celebration.)

Oraciones después de la comunión

Jesús, gracias por venir a mí en la santa comunión. Yo te amo. (Cierra los ojos y háblale a Jesús en tu corazón un rato y, si todos van a cantar, canta tú también. Cuando cantamos juntos es otra manera de decirle a Jesús que estamos muy contentos, ya que ha venido a nuestros corazones y queremos que sea una verdadera celebración).

The Ending of the Mass

Jesus, after holy Communion, the priest prays from his big book again. He asks God to help us grow strong from the holy bread we have received. He then blesses us and says:

The Mass is ended....
Go in peace to love and
serve the Lord.

The priest means that we should go out and spread the Good News about how you died and rose again and how you love us and want us to be loving and kind, too.

That is *very* Good News, and we all say:

Thanks be to God.

And, Jesus, if we *do* spread the Good News by loving you and trying to be kind to one another — because that is what counts — then, when we come back to the Mass another day, our hearts will be even more ready to join you in honoring and thanking the heavenly Father and the Holy Spirit. Amen.

Fin de la Misa

Jesús, después de la comunión, el sacerdote reza del libro que tiene en el altar. El le pide a Dios que nos ayude a recibir fuerza del pan santo que hemos compartido. Entonces él nos bendice y dice:

La Misa ha terminado
Pueden irse en paz.

El sacerdote quiere decir que ahora debemos salir y compartir la Buena Nueva de tu muerte y Ascensión, y de cómo nos amas y quieres que nos amemos los unos a los otros.

Eso *sí* es una Buena Nueva, y todos decimos:

Demos gracias a Dios.

Y, Jesús, si *compartimos* la Buena Nueva amándote y tratando de ser bondadosos con todos — porque eso es lo que vale — después, cuando vengamos a Misa otro día, nuestros corazones estarán más preparados para unirse a ti para honrar y darle gracias al Padre celestial y al Espíritu Santo. Amén.

Some Words to Know About the Mass

ALTAR
— the table where the priest changes the bread and wine into the body and blood of Jesus

PRIEST
— the person called by God to lead us in the Mass

BREAD AND WINE
— the gifts we offer. They stand for us.

CHALICE
— the cup for the wine

PATEN
— the plate for the bread

LECTORS
— the persons who do the reading of God's Word

LECTERN
— the stand that holds the book for the lectors

LECTIONARY
— the book that the lectors read from

SACRAMENTARY
— the big book on the altar that the priest reads from

ALB, CHASUBLE, STOLE
— the church clothes that the priest wears

INCENSE
— something that makes a nice-smelling smoke in the church (but not used in every Mass)

CHRIST, LORD, GOD
— some other names for Jesus

Algunas palabras de la Misa que debemos saber

EL ALTAR
— la mesa donde el sacerdote convierte el pan y el vino en el cuerpo y la sangre de Jesús

EL SACERDOTE
— la persona elegida por Dios para que sea nuestro líder en la Misa

EL PAN Y EL VINO
— los regalos que ofrecemos. Nos representan.

EL CÁLIZ
— la copa para el vino

LA PATENA
— el plato para el pan

LOS LECTORES
— las personas que leen la Palabra de Dios

EL ATRIL
— el lugar donde está el libro que los lectores leen

EL LECCIONARIO

— el libro que los lectores leen

EL SACRAMENTARIO

— el libro grande que en el altar que el sacerdote lee

EL ALBA, LA CASULLA, LA ESTOLA

— vestimentas que el sacerdote usa durante la Misa

EL INCIENSO

— humo que produce un olor agradable (pero no se usa en todas las Misas)

CRISTO, SEÑOR, DIOS

— otros nombres que usamos para referirnos a Jesús

More by Sister Mary Terese Donze

I Can Pray the Rosary!

In this booklet, each of the mysteries — Joyful, Sorrowful, and Glorious — is simply explained in easy-to-understand language. The mysteries are illustrated by Sister Donze. Includes instructions for praying the rosary and a section of prayers. *$2.95*

I Can Pray With the Saints!

Simple biographical stories about 13 saints highlight the virtue that made each saint special to Jesus and the Church. Each story ends with a prayer asking Jesus to help children imitate the saint's good qualities. *$2.95*

Otros libros de la Hermana Mary Terese Donze

¡PUEDO REZAR EL ROSARIO!

En este librito, cada uno de los misterios — Gozosos, Dolorosos y Gloriosos — se explica de manera muy sencilla y con palabras sencillas. Los misterios también son ilustrados por la Hermana Donze. El librito incluye instrucciones para rezar el rosario y una sección de oraciones. *$2.95*

¡PUEDO REZAR CON LOS SANTOS!

Breves biografías de 14 santos que resaltan las virtudes que Jesús y la Iglesia consideraron especiales. Cada relato acaba con una oración, pidiéndole a Jesús que ayude a los niños a imitar las buenas cualidades de los santos. *$2.95*